MARIE-ANNE DAYÉ
sous la direction de JACINTHE CARDINAL

LES écrans & TOI

Guide pratique sympathique pour devenir un UTILISATEUR cyberfuté

MIDI trente ÉDITIONS

Catalogage avant publication de Bibliothèque et Archives nationales du Québec et Bibliothèque et Archives Canada

Dayé, Marie-Anne, 1988-, auteur

Les écrans et toi! : guide pratique sympathique pour devenir un utilisateur cyberfuté / Marie-Anne Dayé ; sous la direction de Jacinthe Cardinal.

Public cible : Pour les jeunes de 10 ans et plus.

ISBN 978-2-924804-06-3 (couverture souple)

1. Médias et jeunesse - Ouvrages pour la jeunesse. 2. Cyberculture - Ouvrages pour la jeunesse. 3. Technologie et jeunesse - Ouvrages pour la jeunesse. I. Cardinal, Jacinthe, 1975-, éditeur intellectuel. II. Titre.

HQ799.2.M35D39 2018 j302.23'1083 C2018-940059-5

Recherche et rédaction : Marie-Anne Dayé,
Jacinthe Cardinal et Marianne Tremblay
Édition : Éditions Midi trente
Photographies : depositphotos.com

Merci à Éléonore Baron pour sa collaboration.

MIDI trente ÉDITIONS

ISBN : 978-2-924804-06-3
Imprimé au Canada

Dépôt légal : 1e trimestre 2018
Bibliothèque et Archives nationales du Québec
Bibliothèque et Archives du Canada

Financé par le gouvernement du Canada | Canada

Nous reconnaissons l'aide financière du gouvernement du Canada par l'entremise du Fonds du livre du Canada (FLC) pour nos activités d'édition.

Société de développement des entreprises culturelles
Québec

Les Éditions Midi trente remercient la SODEC de son soutien.

Gouvernement du Québec – Programme de crédit d'impôt pour l'édition de livres – Gestion SODEC

TABLE DES MATIÈRES

cyberfuté

[Adj.] Relatif à une personne qui comprend assez bien les outils informatiques mis à sa disposition pour exploiter intelligemment les ressources du réseau Internet. Se dit aussi de la personne qui s'apprête à lire ce livre!

INTRODUCTION

Ordinateur, tablette, téléphone intelligent, console de jeux vidéo… Les écrans sont partout ! De nos jours, la plupart des gens utilisent les technologies de l'information et de la communication, aussi appelées TIC. (Bon. Peut-être pas ton arrière-grand-père de 95 ans, mais c'est possible !) Conçus pour communiquer, avoir du plaisir, apprendre ou travailler, ces outils ont évolué très rapidement lors des dernières années. Te rends-tu compte ? Il y a seulement 20 ans, on n'aurait jamais cru possible de faire une vidéoconférence avec une personne qui se trouve à l'autre bout du monde ! On voyait ça seulement dans les films de science-fiction ! Maintenant, avec Internet, plusieurs choses deviennent accessibles facilement et souvent presque instantanément. *Cool,* non ?

Eh, oui. Vraiment *cool.* C'est génial d'avoir accès aux écrans. C'est super de pouvoir accéder à une tonne d'informations en quelques clics. Et c'est vraiment fabuleux de pouvoir être connecté à la terre entière (si on le souhaite).

MAIS ! TOUT ÇA VIENT AVEC DES RESPONSABILITÉS ET CERTAINES PRÉCAUTIONS. IL FAUT DONC BIEN CONNAÎTRE L'UTILITÉ DES TIC ET, SURTOUT, SAVOIR S'EN SERVIR INTELLIGEMMENT.

Ce guide est donc une sorte de mode d'emploi pour t'aider à être vraiment... *cyberfuté!* Il t'offrira toutes sortes d'informations et de stratégies utiles pour t'aider à mieux comprendre ce qu'il y a derrière les écrans, à les utiliser sainement et à maintenir de bonnes relations avec les autres [car on le sait bien, il peut y avoir certaines « tensions » (hum, hum !) entourant leur utilisation, n'est-ce pas ?]. Le plus important, c'est de préserver l'harmonie et d'éviter de remplacer tes activités quotidiennes (comme tes devoirs, tes tâches, tes loisirs ou tes activités sportives) par les écrans. Ces derniers doivent rester un complément, un BONUS à ton bien-être!

Voilà, c'est dit.
Maintenant, allons-y!

http://
Hey
RSS
www.
Wow

SECTION 1

Zoom

sur les écrans

UNE GIGANTESQUE TOILE D'ARAIGNÉE

Si on te dit « écran », tu ne penses certainement pas à un écran de ciné-parc, et encore moins à un écran de fumée. Tu comprends très bien qu'il est question ici des écrans qui affichent des données et des images et qui connectent les humains entre eux grâce au réseau Internet.

Le savais-tu ?

37 % de la population utilise les réseaux sociaux.

Environ **50 %** de la population mondiale utilise Internet (Imagine ! Cela veut dire que des millions et des millions de personnes ont les yeux rivés sur leur écran en ce moment même !).

66 % de la population mondiale se sert d'un téléphone mobile.

OK. Tu sais probablement ce qu'est Internet, n'est-ce pas ? Mais sais-tu d'où ça vient et à quoi ça sert ?

Internet, c'est un énoooooooorme réseau informatique accessible à tous. L'information peut y être transmise à distance par des systèmes de transfert de données. Ce réseau permet de naviguer sur des pages, d'envoyer des courriels du Québec en Sibérie, d'échanger des messages instantanés, de regarder des vidéos de chats (!) ou de jouer à des jeux en ligne, par exemple.

On compare souvent Internet à une gigantesque toile d'araignée dont la multitude de fils de soie peuvent s'étendre à l'infini.

Le mot « Web » signifie « toile ».

La petite histoire d'Internet

Dans les années 1960 (tes parents n'étaient probablement pas nés), l'armée américaine a demandé à des chercheurs de créer un réseau lui permettant de résister aux bombardements ennemis. Appelé ARPANET, ce réseau permettait de communiquer grâce à des courriers électroniques. ARPANET s'est développé au fil du temps et est devenu accessible au grand public en 1996. Le fameux Web (www pour *World Wide Web*) est l'un des services d'Internet qui permet de consulter des sites et des pages Web. Les autres services d'Internet sont le courrier électronique et la messagerie instantanée (plus connue sous le nom de « chat »). On nomme les personnes qui utilisent Internet des « internautes ». Tu en es un, toi aussi!

COMME ILS SONT UTILES!

x-x-x-x-x-x-x-x-x-x-x-x-x-x-x-x-x-x-x-x-x-x-x

Chaque personne développe sa propre utilisation des technologies : pour être à l'affût des nouvelles tendances, savoir ce qui se passe à Saint-Clin-Clin, apprendre le mandarin, regarder la série de l'heure, tenir un blogue sur les hamsters ou… suivre le fil Instagram d'une vedette qui s'aime beaucoup trop. Les technos offrent une multitude de possibilités! Pour t'aider à démêler tout ça, voici…

LE TOP 5 DES BONNES RAISONS d'utiliser les TIC!

BONNE RAISON #1

Pour s'informer

Sur Internet, il y a beaucoup, beaucoup de sites de nouvelles et d'informations. Autrefois, on avait accès à l'information seulement dans les journaux, puis s'est ajoutée la radio, puis la télé et, maintenant, on peut s'informer en ligne, à partir de la maison, de l'école, du bus ou du parc.

La plupart des médias ont leur site Internet. Cela a permis de démocratiser l'information. Cela signifie que les actualités, la meilleure recette de brownies et la marche à suivre pour réussir son jardin sont accessibles à tout le monde — ou presque ! (Il y a encore la moitié de la population qui n'a pas accès à cette mine de ressources, ne l'oublions pas.)

Autre point intéressant : les TIC permettent d'avoir accès à une diversité de points de vue, d'opinions et de manières de voir les choses. Évidemment, l'important, c'est d'être capable de faire la différence entre une information basée sur des faits et une opinion. Certaines sources sont fiables, d'autres moins. À force de naviguer dans Internet, de t'informer et de vérifier les sources, tu développeras ton esprit critique. C'est important! (On s'en reparlera un peu plus tard...)

BONNE RAISON #2

Pour s'éduquer

Les technologies sont utiles pour avoir un meilleur accès à l'information, mais aussi pour s'éduquer. Penses-y : lorsque tu regardes un documentaire sur Internet, lorsque tu apprends l'espagnol à l'aide d'une application ou lorsque tu lis un livre numérique, tu t'éduques. Et certaines applications sont encore plus éducatives lorsqu'un adulte est près de toi, car ses réactions te permettent d'assimiler plus facilement l'information. Étonnant, non ? Alors, lorsque ta mère insiste pour tester avec toi la nouvelle application sur ta tablette, non seulement tu auras du plaisir avec ta mère, mais en plus, tu apprendras plus et mieux ! Génial, non?

Pouce en haut

Les outils technologiques comme la tablette, par exemple, peuvent être bénéfiques pour les jeunes qui ont des difficultés d'apprentissage ou d'adaptation, car ils aident à organiser les idées et les informations. Les TIC peuvent être aussi un moyen, pour les jeunes qui ont un trouble du spectre de l'autisme, de socialiser et d'apprendre plus facilement ! Y a-t-il des élèves dans ta classe qui ont des besoins particuliers ? Sais-tu s'ils ont des permissions spéciales concernant l'utilisation des écrans ? Tu sais maintenant pourquoi !

BONNE RAISON #3

Pour communiquer

Évidemment, les TIC sont très utiles pour communiquer. Avec les textos, la messagerie instantanée sur les réseaux sociaux et les vidéoconférences, tu peux parler avec tes parents ou avec tes amis où qu'ils soient ! Et ils te répondront probablement dans les minutes qui suivent. On est bien loin des pigeons voyageurs... Et encore plus des hommes préhistoriques qui communiquaient à l'aide de sons et de dessins.

Quoique... La manière de communiquer de certaines personnes pourrait nous laisser croire qu'elles sortent tout droit de l'Âge de pierre!

#ARGUMENTDEFEU

Voici un argument à donner à tes parents s'ils te disent que les textos nuisent à la qualité du français.

La *Chaire de recherche sur les technologies de l'information et de la communication en éducation* (ouf, c'est un long nom !) a démontré en 2012 que les textos permettraient aux jeunes de découvrir de nouveaux mots grâce au correcteur automatique. Si tu fais attention aux anglicismes et aux abréviations trop bizarres, c'est une belle occasion de travailler tes compétences en écriture !

Ce type de communication permet également de briser l'isolement, de parler avec des personnes qui vivent les mêmes réalités que nous, de trouver du réconfort lors des situations difficiles... Ce peut être rassurant de savoir qu'on n'est pas seul — et les réseaux sociaux permettent de se connecter instantanément et d'échanger avec plus de 4 milliards d'êtres humains, qu'ils soient au coin de la rue ou à Tombouctou !

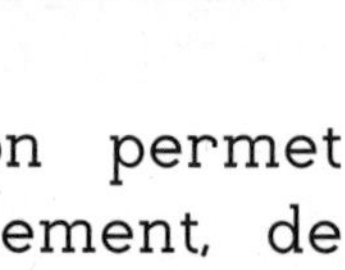

Pouce en bas

Avec toutes ces technologies, on perd un peu l'habitude des contacts humains. Le téléphone ou, mieux encore, la rencontre « en vrai » (lorsque c'est possible) sont des options vraiment intéressantes pour avoir une communication authentique. Après tout, les emojis (ou émoticônes) sont bien loin de traduire toutes les subtilités de la discussion ! La posture, le ton, l'attitude ou l'émotion (surtout lorsqu'il y a de l'amour dans l'air!) sont des informations difficiles à déceler dans un simple texto !

Bonne idée : après avoir échangé cinq ou six textos, il serait peut-être plus simple de se téléphoner!

On jase

Imagine la scène. Deux personnes sont assises l'une en face de l'autre, dans un endroit public. Elles ne se parlent pas. Pas un mot! Elles ne se regardent pas. Elles ont toutes deux les yeux rivés sur leur écran. Au lieu de communiquer et de profiter du moment ensemble, ces deux personnes sont préoccupées par ce qui se passe sur les réseaux sociaux. Ironique, non ? Selon toi, comment les relations sociales se sont-elles transformées depuis que les écrans sont entrés dans nos vies ?

BONNE RAISON #4

Pour se divertir

Les écrans ont plusieurs utilités. Ça, tu le sais déjà. L'une d'entre elles est… d'avoir du plaisir ! Écouter de la musique, regarder des films, lire un roman, prendre des photos, voilà autant de sources de divertissement qui peuvent faire grimper le taux de dopamine dans ton cerveau. (La dopamine est l'hormone du plaisir… pour ton info !)

Écouter de la musique te permet de mieux connaître tes goûts, de définir ton identité. Parfois, cela peut te permettre de te réconforter ou encore de te défouler ! As-tu découvert un nouveau groupe récemment sur Internet ?

Tu aimes les **téléséries et les films ?** Tu peux en regarder plusieurs en ligne.

Il existe plusieurs styles : comédie, drame, action... Quels sont tes favoris ? Lesquels te font du bien ? Pourquoi ?

Pouvoir lire sans devoir transporter une tonne de bouquins dans ton sac à dos, n'est-ce pas génial ? Les liseuses permettent d'avoir accès à plusieurs livres dans un seul appareil. Et toi, que lis-tu sur tes écrans ?

Jouer à des jeux vidéo te permet de t'amuser et, si tu joues en groupe, cela encourage le travail et la collaboration. (#argumentdefeu)

On jase

Fais la liste de tous les divertissements auxquels tu t'adonnes dans la vie en général : lire un roman, jouer avec ton chat, réaliser de petits films, faire du yoga... Combien d'entre eux se passent sur un écran ? Crois-tu que les écrans prennent énormément (trop ?) de place dans notre vie ? Y vois-tu des inconvénients ? Lesquels ?

BONNE RAISON #5

Pour créer

Avec les écrans, tu peux créer toutes sortes de choses : certaines applications te permettent de créer des courts métrages, de la musique, des photos. Savais-tu que plusieurs photographes et journalistes utilisent parfois des applications sur leur téléphone pour réaliser des reportages ?

Tu pourrais même penser à créer un blogue pour partager ta plus grande passion ! Disons que tu adores le tricot. Tu pourrais créer une page de blogue, lui donner un titre accrocheur et partager des photos de tes plus belles créations ainsi que tes découvertes dans le domaine.

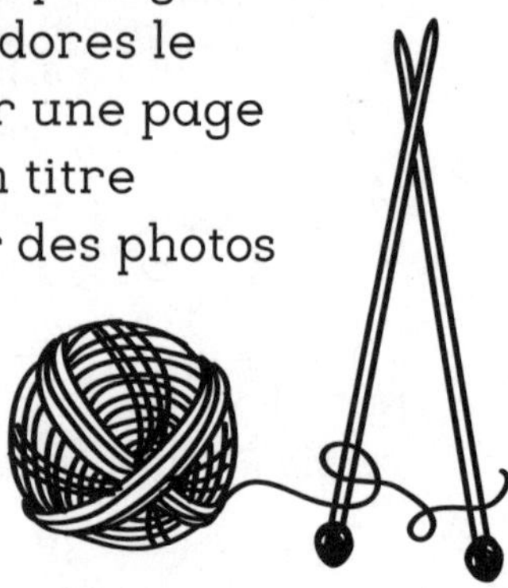

Des amateurs de tricot pourraient te suivre, commenter tes photos, vous pourriez échanger sur les plus belles laines, les techniques les plus efficaces. N'est-ce pas formidable ? Et quel coup de pouce pour l'estime de soi ! (Sois fier de ce que tu crées !)

* À NOTER *

Ce n'est pas parce qu'une image ou une idée est partagée sur Internet qu'elle appartient à tous. Tu ne peux pas t'approprier l'idée de quelqu'un d'autre. Tu peux cependant t'en inspirer pour trouver mille et une autres idées. Ça, c'est être créatif !

METS-TOI AU DÉFI !

Un soir, n'importe lequel, alors que tu serais tenté d'agripper ta tablette après le souper, fais plutôt une pause. Assieds-toi confortablement dans un endroit calme, où tu te sens bien. Ce peut être sur ton lit ou dans ton hamac (as-tu un hamac ?). Programme ta minuterie et accorde-toi dix minutes pour... NE. RIEN. FAIRE. Ça te paraît court ? Tu verras, quand on ne fait rien, on a beaucoup de temps pour penser ! Lorsque le temps est écoulé, écris tout ce qui a traversé ton esprit pendant ces dix minutes, note toutes tes idées. Si tu en es capable, réalise ce défi chaque soir, durant toute une semaine. As-tu hâte de voir toutes les idées fabuleuses qui nourriront ton imagination ?

Le savais-tu ?

C'est souvent lorsqu'on s'ennuie qu'on devient créatif. Steve Jobs, le fondateur d'Apple, l'avait bien compris. Il limitait l'accès aux outils technologiques à ses enfants. Ironique, non ? En ayant l'esprit libre et vagabond, il est plus facile de laisser émerger les idées et de laisser libre cours à son imagination.

EXERCICE

LES ÉCRANS ET TOI

* Nomme TOUS les écrans qui occupent de l'espace dans ton champ visuel au cours d'une journée normale. Souligne ensuite ceux que tu utilises toi-même activement. Combien y en a-t-il ?

* Utilises-tu des applications ? Lesquelles ?

  Attribue un adjectif ou quelques mots d'appréciation à chacune des applications que tu utilises. *(Par exemple : utile, amusante, éducative, ennuyante, énergivore, Bof !, essentielle à ma survie, trop* cool, *perte de temps...)*

* As-tu déjà écourté ou annulé une activité pour pouvoir naviguer sur Internet ou pour jouer à un jeu en ligne ? À quelle occasion ? Combien de fois dirais-tu que cela peut arriver dans une semaine normale pour toi ?

* Utilises-tu parfois les écrans pour te sentir moins seul ? Parce que tu t'ennuies ?

* Nomme trois choses que tu aimes des écrans.

* Nomme trois choses que tu n'aimes pas des écrans.

Note tes réponses et conserve-les. Tu pourras continuer de réfléchir à tout ça au fil de ta lecture.

http://
Hey
RSS
www.
Wow
http://
Hey
www.
RSS
Hey
http://

SECTION 2

Un vaste réseau

ES-TU CONNECTÉ ?

Comme on le mentionnait plus tôt, les nouvelles technologies ont littéralement bouleversé notre façon de communiquer. La révolution vient notamment de l'utilisation des réseaux sociaux qui prennent une grande place dans nos vies. Ces réseaux permettent de créer et de maintenir des relations sociales entre amis, mais aussi de partager ses passions et ses idées.

Oui ?

Tu es un jeune connecté, alors.

Non ?

C'est aussi très bien ainsi !

Plusieurs personnes **décident** de ne pas avoir de comptes ou d'en avoir et de les consulter occasionnellement afin de mettre plus d'énergie dans leurs relations hors ligne. Mais si tu penses à te créer un compte, maintenant ou dans quelques années (tout dépendant de ton âge), assure-toi toutefois de bien régler les paramètres de confidentialité avec tes parents. Accepter cela, c'est faire preuve de maturité et d'un bon sens des responsabilités !

Important !

Tes parents devraient connaître tes identifiants et tes mots de passe. Oui, oui ! C'est pour ta sécurité en ligne. On s'en reparle plus loin...

On jase

Quels réseaux connais-tu ? Est-ce que tu les utilises tous les jours ou à l'occasion ?

Certaines personnes jugent que les réseaux sociaux sont vraiment trop envahissants... Toi, qu'en penses-tu ?

Tu n'es pas obligé d'être partout à la fois et d'avoir un profil sur chaque réseau social. Si tu décides de t'initier aux réseaux sociaux, choisis-en plutôt un seul, celui qui t'apporte le plus de plaisir !

Faisons d'abord un tour rapide des réseaux les plus populaires.

Facebook

Assurément le plus populaire et le plus connu des réseaux (même les grands-parents y ont désormais leur compte !).

Facebook est né en 2004 à l'Université Harvard. Il a été créé par Mark Zuckerberg. Ce n'est qu'à partir de 2006 que ce site Web est devenu accessible au grand public. Avec Facebook, tu peux partager des actualités, des photos, des vidéos, garder contact avec des amis, créer des groupes et en joindre, envoyer des messages.

EN CHIFFRES

- Présent dans près de 130 pays
- Plus de 2 milliards d'utilisateurs actifs par mois
- 4,5 millions de « j'aime » par jour

Instagram

Instagram est un réseau social de partage de photos et de vidéos. Il permet d'exprimer sa créativité par l'entremise de la photographie. Tu peux suivre des artistes, des personnalités publiques, tes amis, etc.

EN CHIFFRES

- Plus de 300 millions d'utilisateurs quotidiens
- 30 milliards de photos partagées, 70 millions chaque jour

Twitter

Twitter permet la diffusion de messages de 140 caractères et moins. Un peu comme Facebook, Twitter permet en effet de se créer une liste d'amis, plus communément appelés «followers» . Twitter est très populaire pour commenter l'actualité, suivre des personnalités publiques ou s'informer rapidement.

EN CHIFFRES

- Plus de 300 millions de comptes
- 170 minutes par mois : temps moyen passé par les abonnés sur Twitter

YouTube

YouTube est un site de partage de vidéos de toutes sortes : éducatives, divertissantes et inspirantes ! Tu peux y trouver des tutoriels pour apprendre à dessiner, tes clips de musique préférés, ou encore des vidéos humoristiques. Il y a aussi des bêtises sur YouTube… et beaucoup de vidéos de chatons !

EN CHIFFRES

- Plus de 1,5 milliard de visites par mois
- Chaque jour, plus d'un milliard d'heures de vidéo sont visionnées sur YouTube (c'est plus de 114 000 ans !)

Le savais-tu ?

Les réseaux sociaux stimulent la sécrétion de dopamine, l'hormone du plaisir. Lorsque quelqu'un aime une photo que tu as publiée, par exemple, c'est ton système de récompense qui est content ! Les experts disent aussi que le fait que ces réseaux soient imprévisibles (on ne sait jamais ce qu'on va y trouver !) donne le goût d'y aller souvent… car on espère toujours y trouver des surprises !

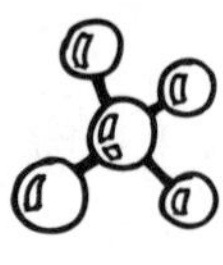

Pinterest

Un peu comme Instagram, Pinterest est un réseau basé sur les images. Les abonnés y «épinglent» leurs idées de bricolages, de recettes et de créations de toutes sortes. C'est le royaume du DIY, le «Do it yourself», qui se traduit par «fais-le toi-même».

EN CHIFFRES

- 200 millions d'utilisateurs (85% de femmes)
- Plus de 100 milliards d'épingles

Snapchat

Snapchat est une application qui permet d'envoyer des messages et des images à durée de vie limitée, qui s'autodétruisent après quelques secondes. MAIS il s'agit de faire une capture d'écran pour conserver le contenu pour toute la vie!

EN CHIFFRES

- Plus de 150 millions d'utilisateurs
- 3 milliards de «snaps» envoyés chaque jour

Le savais-tu ?

13 ans, c'est l'âge minimum pour avoir le droit d'utiliser la plupart des sites Web et des applications. Si tu es plus jeune et que tu as la permission de tes parents, ton utilisation est évidemment sous leur supervision.

Il y a beaucoup de choses à savoir et à comprendre pour utiliser les réseaux sociaux de manière cyberastucieuse. Pour t'aider voici donc les :

10 commandements de l'utilisateur *vigilant*

1 » Ton profil devrait toujours demeurer **privé.** (Profil public = non merci !)

2 » Inscris **le moins d'informations personnelles** possible dans ton profil. Utilise seulement ton prénom ou un pseudonyme. (Jamais d'adresse, jamais de numéro de téléphone et surtout jamais de numéro de carte de crédit de ton père !)

3 >> Accepte seulement les **gens que tu connais** personnellement dans ta liste d'amis. Ne suis pas les gens que tu **ne connais pas.** (C'est la même chose que lorsque tu te promènes dans la rue!)

4 >> Utilise toujours les écrans dans des aires communes, en présence d'autres personnes. Ne t'isole pas!

5 >> Configure les **paramètres de confidentialité** de ton profil.

6 >> **Supprime** les identifications avec lesquelles tu n'es pas à l'aise (ou demande aux autres de les supprimer si ce sont eux qui les ont publiées).

7 >> Évite d'activer la **localisation** (ou alors discutes-en auparavant avec tes parents).

8 >> En ligne, applique les mêmes **règles de vie** que celles qui ont cours dans la « vraie vie ».

9 >> Fais part de tous tes **inconforts** et de tes **malaises** par rapport à la vie en ligne à une personne de confiance.

10 >> Cultive le **respect** en tout temps.

#ESTIMEDESOI

Tu as peut-être remarqué aussi que sur les réseaux sociaux, la plupart des gens publient des photos d'eux « à leur meilleur », c'est-à-dire des photos qui ne montrent pas leurs défauts physiques ou encore des photos qui donnent l'impression qu'ils sont toujours de bonne humeur (alors qu'on sait bien que tout le monde vit de la tristesse, de la colère ou de la fatigue de temps à autre !). Les applications comme Instagram et Facebook regorgent de ce genre de photos soi-disant parfaites. Dis-toi que ces photos ne reflètent pas nécessairement la réalité. Il faut parfois « en prendre et en laisser » !

Les réseaux sociaux, bons ou mauvais pour l'estime de soi ? Il n'y a pas de bonne réponse à cette question. Tout dépend de l'utilisation que tu en fais.

EXERCICE

J'AIME OU J'AIME PAS?

Voici un quiz pour évaluer ta relation avec les réseaux sociaux et leur impact sur ton estime personnelle. Tente de répondre aux questions de la manière la plus honnête qui soit!

Tu accordes de l'importance au nombre de « J'aime » sur tes statuts ou tes photos (et tu es bien déprimé lorsqu'il n'y en a pas assez à ton goût).

- ◯ Tout à fait moi
- ☐ Pas vraiment

Tu compares sans cesse ta vie avec celle des vedettes ou des influenceurs (et tu rêves de leur ressembler).

- ◯ Tout à fait moi
- ☐ Pas vraiment

Tu te sens souvent triste après avoir navigué sur les réseaux sociaux.

- ◯ Tout à fait moi
- ☐ Pas vraiment

Lorsque tu te compares aux autres, ta vie te semble vraiment ennuyante.

- ◯ Tout à fait moi
- ☐ Pas vraiment

Lorsque tu regardes les photos des autres, tu te sens vraiment inintéressant.

- ◯ Tout à fait moi
- ☐ Pas vraiment

Il te semble que tout le monde est plus *cool* et plus heureux que toi.

- ◯ Tout à fait moi
- ☐ Pas vraiment

Tu te sens vraiment moche lorsque tu regardes les publications de personnes que tu suis.

- ◯ Tout à fait moi
- ☐ Pas vraiment

Tu as tendance à dénigrer (publiquement ou non) les statuts des autres.

- ◯ Tout à fait moi
- ☐ Pas vraiment

RÉSULTATS À LA PAGE SUIVANTE.

J'AIME OU J'AIME PAS?

C'est simple, si tu as répondu *Tout à fait moi* à l'une ou l'autre de ces questions, il serait bien que tu te questionnes sur l'impact des réseaux sociaux sur ton **estime de soi,** c'est-à-dire sur la valeur que tu t'accordes comme personne.

Aime-toi comme tu es, avec tes qualités, tes défauts, tes forces et tes faiblesses. Tu es unique, et c'est très bien comme ça!

UNE HISTOIRE DE VIE PRIVÉE

Dans Internet, les images et les informations circulent à la vitesse de l'éclair. Il est difficile d'avoir un contrôle sur tout ce qui est publié. Et une fois que la publication est envoyée sur la toile, la planète entière peut y avoir accès. C'est un pensez-y bien! Voici donc quelques informations essentielles à retenir à ce sujet.

TON DROIT À L'IMAGE

Mise en situation. Ton amie publie une photo de toi qui ne t'avantage pas du tout. En fait, tu détestes cette photo et tu n'as pas envie que tout le monde la voie. Que fais-tu ?

A) Tu lui demandes de retirer la photo.

B) Tu ne peux rien y faire parce que Internet, c'est public.

Si tu as répondu B... voici une belle occasion pour toi d'apprendre ce qu'est le droit à l'image ! En fait, la bonne réponse est A. **UNE PHOTO DE TOI, C'EST PERSONNEL.** Tu as le droit de décider de ce que tu en fais. Ce n'est pas parce que c'est ton amie qui a pris la photo que celle-ci lui appartient ! **TON IMAGE EST À TOI.** Tu as le droit de demander à ton amie de retirer la photo. Et l'inverse est vrai : attention aux photos des autres que tu publies ! Le mieux, avant de publier, c'est de demander la permission aux personnes concernées.

Il est bon de savoir que tu peux limiter l'audience de tes publications. Prends le temps de vérifier les **PARAMÈTRES DE CONFIDENTIALITÉ** de chaque réseau social et privilégie la diffusion pour les amis seulement.

Le savais-tu ?

Savais-tu que lorsque tu t'es abonné à Facebook, tu leur as aussi accordé le droit d'utiliser tes images et tes textes ? Ouf ! Tu sais, les 50 pages de conditions d'utilisation en petits caractères que tu n'as pas lues (comme tout le monde !) cachent bien des surprises. Alors, penses-y avant de publier.

TON DROIT À LA VIE PRIVÉE

C'est incroyable à quel point il est facile maintenant de faire le portrait d'une personne simplement en recueillant les informations qu'elle diffuse sur les réseaux sociaux, par exemple. Pourtant, certaines informations ne devraient jamais circuler !

EXERCICE

INFORMATIONS À PROTÉGER

Dans la liste qui suit, quelles sont les informations à protéger absolument?

- [ ] Ton âge, ta date de naissance
- [ ] Le nom de ton chat (Croquette!)
- [ ] Tes goûts musicaux
- [ ] Le nom de ton école
- [ ] Tes caractéristiques physiques
- [ ] Ton lieu de résidence
- [ ] Ton numéro de téléphone
- [ ] Ton numéro de passeport
- [ ] La recette de sauce à spaghetti de ta mère
- [ ] Les dates de votre prochain voyage en famille

En fait, ici, seul le nom de Croquette et celui de ta chanteuse préférée pourraient circuler sans problème... Pour le reste, ce sont tous des éléments qui font partie de ta vie privée. Protège-les! SURTOUT la recette de sauce à spag! (Qui sait comment ta mère pourrait réagir si elle voyait son secret divulgué!)

Sérieusement, tu ne dois pas divulguer des informations privées à qui que ce soit sur Internet, même à l'ami que tu t'es fait il y a un an en jouant à un jeu en ligne. Il peut y avoir des personnes malveillantes qui récoltent tes infos personnelles et qui sont en mesure d'accéder à tes mots de passe par la suite. (Nous reparlerons de cybercriminalité un peu plus tard.) Les publicitaires peuvent aussi recueillir tes informations personnelles et s'en servir pour t'envoyer de la publicité.

Pour t'aider à retirer des photos ou des vidéos sur les réseaux sociaux :

AidezMoiSVP.CA

Pouce en haut

Les réseaux sociaux et les nouvelles technologies permettent aux talents d'émerger. Il est facile, équipé uniquement de son téléphone intelligent, de composer de la musique, d'enregistrer une chanson, de réaliser une vidéo de qualité presque professionnelle. Internet est une plateforme incroyable pour diffuser et découvrir des jeunes pleins de talents !

PUBLIE OU PUBLIE PAS?

x-x-x-x-x-x-x-x-x-x-x-x-x-x-x-x-x-x-x-x-x-x-x-x

Pose-toi les **5 QUESTIONS** suivantes avant de publier un contenu (que ce soit une image, une vidéo ou une information).

Est-ce que je divulgue des informations personnelles?

Ma publication véhicule-t-elle un message négatif, douteux ou dénigrant?

Est-ce que j'oserais faire ou dire ça dans la «vraie» vie?

Est-ce que ça me dérange que mon grand-père, mon enseignante ou un inconnu voie cette publication?

PUBLIE OU PUBLIE PAS?

Pourquoi je veux diffuser ceci? Est-ce que ça me convient à moi ou est-ce que je le fais seulement pour avoir l'air cool?

Psitt! Voici un site très bien fait, qui t'aidera à réfléchir aux impacts de tes publications sur les médias sociaux :

reflechisquandtupublies.ca

Pouce en bas

Diffuser une vidéo personnelle de toi sur YouTube ou sur un autre site de partage comporte certains risques. Même si le but est uniquement de faire rire tes amis, la vidéo peut se retrouver facilement entre les mains d'une personne mal intentionnée.

Pouce en haut

Les réseaux sociaux peuvent aussi servir à conscientiser et être le lieu de mouvements collectifs très positifs! Que l'on pense à la solidarité créée lors des événements difficiles, aux manifestations de soutien, à la diffusion d'histoires inspirantes, au financement de projets...Il y a plein d'exemples de ce genre. **#viveLepositif**

EXERCICE

#ONRÉFLÉCHITENFAMILLE

Tes parents remettent en doute ton utilisation des réseaux sociaux ? Propose-leur de faire cet exercice en famille pour aborder ensemble les enjeux des médias sociaux.

EXERCICE 1 » Asseyez-vous ensemble devant l'ordinateur et passez en revue les photos du profil d'un réseau social de l'un d'entre vous. Prenons par exemple, ton père.
Pour chaque photo, dites OUI si vous pensez qu'il devrait la conserver ou NON si vous pensez qu'il devrait la retirer. S'il y a un ou plusieurs NON qui sont lancés à la vue d'une photo, échangez vos points de vue. Est-ce une photo compromettante ? Est-ce une photo de toi à 2 ans, tout nu dans le bain, qui te met mal à l'aise ? Familiarisez-vous avec le concept du droit à l'image.

EXERCICE 2 » Choisissez une publication faite par l'un d'entre vous. Analysez-la et décortiquez-la. Que peut-on deviner à partir de cette publication ? L'âge ? Le lieu de résidence ? Les intérêts personnels de la personne ? Tu verras : c'est facile de faire le portrait de quelqu'un seulement en épiant son profil !

http://
Hey
RSS
www.
Wow

SECTION 3

Deviens un utilisateur futé

(et prudent !)

Tous les écrans que tu utilises au quotidien te donnent accès à des informations, à des images, à des réseaux, à des jeux… Mais il y a bien plus encore ! Et il est vraiment essentiel de mieux comprendre comment tout ça fonctionne réellement pour devenir *cyberfuté*, c'est-à-dire pour développer ton esprit critique, pour protéger ton image et tes données, et même pour préserver une bonne santé.

DISTINGUER LE VRAI DU FAUX

Penses-tu qu'il existe une police mondiale de l'Internet ?

Eh bien, non. Le contenu d'Internet n'est pas totalement supervisé !

Plusieurs fausses informations, vidéos et images explicites ou truquées peuvent s'y retrouver. Ce n'est pas comme dans une bibliothèque, où l'on retirerait simplement des tablettes un livre qui n'est pas adéquat. Il y a peu de contrôle. **C'est donc à toi de développer ton esprit critique pour juger le bon et le moins bon.**

Enfile tes lunettes d'utilisateur allumé et viens, nous allons tenter de démystifier tout ça!

LES FAUSSES NOUVELLES

Si tu tombes sur un site Web où il est écrit que les scientifiques ont découvert

que, finalement, la Terre est plate, y croiras-tu? Bien sûr que non! Et si cette nouvelle était présentée dans un site Internet qui, à première vue, semble sérieux, comment réagiras-tu? Certaines fausses nouvelles sont conçues pour tromper, d'autres mélangent des vraies et des fausses informations. Sois vigilant!

Ce **QUI EST** une fausse nouvelle

La pure invention : mensonges, propagande, piège-à-clics. Méfie-toi !

Mélange de vrai et de faux : nouvelle qui contient une part de vérité, mais aussi des informations qui n'ont pas été vérifiées convenablement... Des erreurs factuelles s'y sont glissées (délibérément ou non) !

Erreur commise dans la précipitation : lors d'évènements tragiques ou de crises, un média peut publier une nouvelle rapidement pour avoir un scoop, sans avoir vérifié toutes ses sources. Il est possible alors qu'il commette des erreurs.

Ce qui **N'EST PAS** une fausse nouvelle

Le canular : le canular est une nouvelle satirique produite pour faire rire. Les informations sont fausses, mais le but premier est l'humour. À ne pas prendre au sérieux !

L'opinion : ce n'est pas parce que tu n'es pas d'accord avec une opinion qu'elle est fausse. Cependant, il peut arriver qu'une opinion contienne de fausses informations. Nuance !

Source : Agence Science-Presse

5 QUESTIONS DE L'UTILISATEUR ALLUMÉ

... pour éviter de croire n'importe quoi!

Que ce soit pour faire une recherche dans Internet pour un travail scolaire ou simplement pour t'informer sur un sujet qui pique ta curiosité, lorsque tu lis des infos sur Internet, assure-toi de te poser les 5 questions suivantes :

1. L'information est-elle neutre et objective ?

Présente-t-elle les FAITS sans jugement, sans opinion personnelle? (Par exemple, une publicité ou une opinion ne sont pas des informations objectives.)

2. Qui est l'auteur ?

Assure-toi que L'AUTEUR est identifié (idéalement joignable par courriel) et crédible, c'est-à-dire qu'il est journaliste ou expert dans son domaine. Un auteur anonyme... ce n'est pas super.

3. L'information provient-elle d'un site fiable ?

Le SITE que tu consultes doit être professionnel et son contenu doit être rigoureux. Par exemple, ce peut être un média connu, un site gouvernemental ou universitaire, une organisation ou une entreprise reconnue.

4. Les données sont-elles à jour ?

Vérifie la DATE DE PARUTION de la publication. Si une nouvelle scientifique a été publiée le 3 mai 1980, ce n'est peut-être pas la source la plus à jour...

5. Y a-t-il des références à la fin du texte ?

S'il y a une bonne liste de RÉFÉRENCES ou une bibliographie bien garnie, c'est bon signe.

L'INFORMATION SOUS LA LOUPE

Pour aller encore plus loin, contre-vérifie tes sources. Cherche la même information sur un autre site Web. En général, lorsque plusieurs sites donnent la même information en citant des sources différentes, cela peut indiquer qu'elle est véridique.

#oeildelynx

TRUCDUjour

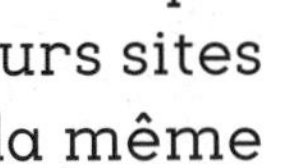

Lorsque tu consultes des sites Web anonymes, des forums de discussion ou un site qui est rempli de fautes d'orthographe, la plupart du temps, c'est le signe que l'information n'a pas été vérifiée !

DERRIÈRE L'IMAGE

Internet diffuse également beaucoup, beaucoup d'images. Il est important de garder en tête que ces images ont été créées et mises en ligne par une ou plusieurs personnes pour répondre à des objectifs bien précis : susciter des émotions et des réactions, raconter des histoires, faire rire, donner la frousse... mais aussi pour vendre des produits, faire la promotion d'une idée ou d'une entreprise, influencer... et plus encore.

Quand tu regardes une image, celle-ci peut susciter une réaction ou une émotion chez toi. Elle peut avoir un impact sur ta manière de penser, influencer tes comportements, susciter toutes sortes de sentiments.

On jase

Pense à divers types d'images que tu as vues récemment sur Internet (photos de vedettes, documentaires animaliers, vidéos rigolotes, images publicitaires). Réfléchis à l'effet que ces images ont sur toi. Comment te sens-tu lorsque tu les regardes ? Elles peuvent te faire rire, t'inspirer, te déprimer, susciter de l'envie... Réfléchis à cela quelques instants. Chaque personne fait sa propre interprétation des images. L'important est que tu sois capable de les analyser et de savoir ce qu'elles créent en toi.

LA PUBLICITÉ

Tu sais probablement que les images diffusées dans les publicités ont été créées pour être attrayantes et pour vendre un produit. Les créateurs d'images utilisent des techniques pour exagérer le message : des plans courts, un rythme saccadé, une variation de la taille des plans sur les personnes. En marketing, plusieurs moyens sont utilisés pour *créer un besoin*. Autrefois, il était plus facile d'éviter toute cette publicité, mais c'est désormais vraiment difficile! Elle est partout et, parfois, elle se fait très subtile.

Le savais-tu ?

Il existe des algorithmes pour analyser tes historiques de navigation afin de te proposer le produit qui te fait envie justement lorsque tu en as besoin. Tu rêves d'une nouvelle paire d'espadrilles et, en consommateur avisé, tu as visité quelques sites de commerçants pour comparer les prix et les modèles ? Et bien, tu remarqueras qu'en naviguant sur Internet ou qu'en consultant ton fil d'actualités dans les jours suivants, tu verras des bannières publicitaires qui te proposeront… des espadrilles ! (C'est ce qui arrive quand tu autorises les *cookies*.)

TRAQUE LES RETOUCHES

Les images publiées sur Internet représentent parfois bien la réalité, parfois non. Par exemple, certains modèles de beauté ne sont pas réalistes. As-tu déjà remarqué que les visages de certains mannequins sont TROP « parfaits » ? Dis-toi que soit il a fallu des heures pour le maquillage, soit les agences de publicité ont eu recours à un logiciel de traitement de l'image… et ont abusé des retouches !

Tu as certainement déjà entendu parler des images dites «photoshopées»? En fait, la plupart des photographies utilisées en publicité ont été retouchées par des graphistes afin de les rendre plus attrayantes. Parfois, il s'agit de simples retouches pour qu'elles soient plus esthétiques, mais parfois elles sont à ce point trafiquées qu'elles ne représentent plus du tout la réalité!

Alors, comment distinguer le vrai du faux? Bien honnêtement, c'est vraiment difficile! Un truc : généralement, dis-toi que si c'est trop beau pour être vrai... c'est que ce n'est probablement pas vrai! À toi d'aiguiser ton esprit d'analyse et de traquer les images retouchées!

Au défi!

Cette semaine, sors ton œil de lynx et prête une attention spéciale aux publicités et aux diverses photos que tu visionneras dans Internet. Tente d'y repérer des indices qui te laissent croire que le contenu a été... disons... manipulé.

LA VIE DE RÊVE

Lorsque tu navigues sur les réseaux sociaux, est-ce que tu as parfois l'impression que tout le monde a une vie de rêve, sauf toi?

Nous avons abordé le sujet plus tôt, mais encore une fois, il faut apprendre à faire la distinction entre le monde réel et le monde virtuel. Crois-tu que celui qui vient de perdre sa blonde va l'indiquer fièrement sur sa page personnelle ? Ou encore que celle qui n'a rien fait pendant ses vacances va fièrement publier ses photos ? Non, évidemment ! Les gens aiment partager leurs réussites, leurs succès et se mettre en valeur. C'est tout à fait humain comme comportement ! Tu dois simplement garder en tête que tu vois uniquement ce que les autres *veulent* te partager et que ce n'est certainement pas suffisant pour te faire une opinion de leur vie.

#ESTIMEDESOI

LES INFLUENCEURS

Une nouvelle façon de faire de la publicité est d'utiliser des personnes que l'on nomme *influenceurs*. Ces personnes, qui sont suivies sur les réseaux sociaux par des milliers de gens, sont une mine d'or pour les entreprises. Savais-tu qu'il est possible que ton *youtubeur* préféré ait été payé pour te parler de sa nouvelle application préférée ? Que la jolie fille que tu suis sur Instagram ait reçu plusieurs milliers de dollars pour publier une photo d'elle avec ce blouson ? Que cette blogueuse ait demandé de l'argent pour te parler de son nouveau produit chouchou ? Tout ceci est une réalité avec laquelle tu dois composer. Mais toi, tu es un utilisateur *cyberfuté*, alors tu sauras désormais repérer ces pratiques avec ton œil de lynx !

LES STÉRÉOTYPES

Tu as certainement déjà entendu ce genre de phrases :

Même dans certains dessins animés, on renvoie des images stéréotypées des garçons et des filles : gros muscles pour les garçons, taille de guêpe pour les filles. Toutes ces idées préconçues, ces préjugés, ces clichés, sont des stéréotypes.

Le monde virtuel, comme le monde réel, véhicule malheureusement encore beaucoup de clichés. En utilisateur allumé, tu dois garder l'esprit ouvert, valoriser ce qui est différent, explorer les zones grises, rechercher la diversité et affirmer haut et fort ta personnalité.

Nous sommes tous différents et uniques et c'est très bien ainsi!

LE CONTENU VIOLENT

Tes parents te disent-ils parfois d'arrêter de regarder un film ou de jouer à un jeu vidéo parce qu'ils jugent que les images sont trop violentes? Et toi de leur répondre : « Pfff! Elles ne me font aucun effet! »? La prochaine fois, tu pourrais prendre quelques minutes pour en discuter avec eux. Dis-toi que si tes parents t'interdisent de jouer à un jeu vidéo, de regarder une émission ou un film, c'est parce qu'ils jugent que le contenu est inapproprié pour toi. C'est pour ton bien, même si ça peut être frustrant parfois. En fait, certaines images peuvent être néfastes pour toi sans que tu t'en rendes compte. C'est pourquoi la *Régie du cinéma* établit toujours un classement des films.

#TRUCDUjour

Il peut arriver à tout le monde de tomber par mégarde sur des images violentes (ou alors plutôt gênantes!) en faisant une recherche sur Internet. Cela t'est-il déjà arrivé? Si oui, comment t'es-tu senti? Honteux? Coupable? Si c'est le cas, ne t'en fais pas. Souviens-toi que l'essentiel est de pouvoir en parler... et de ne pas rester « pris » avec ces émotions désagréables.

LES IMAGES QUI DÉRANGENT

Il est très utile de savoir ce qui se passe ici et ailleurs dans le monde. Les médias fournissent ces informations à toute heure et à toute minute du jour et de la nuit. Tu peux consulter en temps réel les résultats d'une élection, être informé de la nouvelle découverte scientifique à Londres ou voir des images des dégâts d'un tremblement de terre au Pakistan... Bref, tout ça te permet de devenir un citoyen informé (et, encore ici, de développer ton esprit critique, c'est précieux !).

Il peut arriver de temps à autre que tu voies des images difficiles dans l'actualité : catastrophes naturelles, guerres, accidents, terrorisme... Il est normal que tu aies des réactions à ce genre d'images. Si tu ressens une émotion difficile, parles-en, ne reste pas seul avec ça. Si tu trouves qu'il y a trop de nouvelles négatives dans les médias, parles-en aussi avec quelqu'un de confiance. Dans tous les cas, évite de demeurer seul avec ce qui te met mal à l'aise.

On jase

Pense à un jeu vidéo que tu connais et qui contient des scènes violentes. Quel effet cela a sur toi ? Quelles émotions vis-tu lorsque tu es exposé à de telles scènes ?

Pense à deux ou trois personnages ou personnalités publiques que tu as vues à l'écran. Aimerais-tu leur ressembler ? Pourquoi ? As-tu l'impression que leur image a été exagérée, modifiée ou retouchée ? De quelle manière ?

EXERCICE

Cette semaine avec tes parents, tentez de repérer les images et les contenus violents auxquels tu es exposé. Posez-vous ensuite les questions suivantes.

- Pourquoi trouves-tu ces contenus violents ?
- À quel type de publication sont-ils associés ? De la publicité ? Des nouvelles ? Du divertissement ?
- Trouves-tu qu'il y en a beaucoup ?
- Quelles émotions ressens-tu lorsque tu vois ces contenus ?
- Quelles pensées traversent ton esprit ?
- Comment te sens-tu dans ton corps ?

SOIS PRUDENT !

Loin de nous l'idée de te faire peur, mais il est essentiel, pour devenir un utilisateur *cyberfuté*, de savoir reconnaître les pièges, d'éviter les problèmes et de se tenir loin de certaines réalités disons... moins reluisantes du Web.

NON AUX HAMEÇONS !

Sais-tu ce qu'est l'hameçonnage ? C'est lorsqu'un fraudeur crée un faux courriel ou une fausse page Web (qui a l'air tout à fait vraie !) pour recueillir les mots de passe ou les données personnelles des utilisateurs... Attention ! Ne donne jamais d'information à qui que ce soit sans d'abord en parler avec un adulte. Il s'agit peut-être d'une tentative malveillante pour commettre une fraude ! Tu n'es pas un poisson... Ne mords pas à l'hameçon !

Souviens-toi, quand ça a l'air trop beau pour être vrai… c'est peut-être parce que ce n'est PAS vrai!

QUAND CLIC RIME AVEC FRIC!

Télécharger des applications et des jeux, c'est amusant. Mais quand il faut payer pour obtenir plus de jetons ou pour passer au niveau supérieur, ça l'est beaucoup moins! Lis toujours les conditions d'utilisation avec un adulte avant d'accepter de payer quoi que ce soit. Tu pourrais t'éviter bien des mauvaises surprise$$$!

18 ANS ET +

La copine de ton ami lui a envoyé une photo de sa poitrine. Pour rire, il te l'envoie. Tu la fais suivre à ton cousin, qui la partage à son tour dans son réseau. Hum… il y a un problème. Savais-tu que le fait de partager une photo à connotation sexuelle d'un jeune de moins de 18 ans pourrait t'attirer des ennuis? Tourne ton doigt sept fois avant de partager! Tu ne voudrais surtout pas devoir t'expliquer à la police!

http://
Hey
RSS
www.
Wow
http://
Hey
www.
http://
Hey
RSS

SECTION 4

Ta **relation** avec les écrans

Es-tu du genre indépendant ou plutôt en symbiose avec tes écrans ? Si ton écran tombait dans un ravin, sauterais-tu pour essayer de le sauver ? (N'oublie pas, tu n'as pas 10 vies comme dans les jeux vidéo !)

TON TEMPS D'UTILISATION

x-x-x-x-x-x-x-x-x-x-x-x-x-x-x-x-x-x-x-x-x-x-x

Combien d'heures passes-tu chaque jour devant les écrans (incluant la télévision) ? Trente minutes, une heure, deux heures ou plus ? Selon plusieurs spécialistes, un jeune de 5 à 11 ans ne devrait pas passer plus de deux heures par jour devant des écrans (excluant le temps passé à l'école pour des fins éducatives). Les plus petits, c'est-à-dire les enfants de 2 à 4 ans, ne devraient pas passer plus d'une heure par jour et les bébés de 0 à 2 ans ne devraient pas être exposés aux écrans. OK, si ta mère doit regarder un texto alors qu'elle tient ta petite sœur dans ses bras, ce n'est pas grave. Mais si ta petite sœur d'un an regarde des dessins animés pendant plusieurs heures chaque jour, il y a des questions à se poser ! Ça, ce sont les experts qui le disent. Tu peux en discuter avec tes parents pour avoir leur avis et leur dire ce que toi tu penses à propos de cela.

EXERCICE

ENQUÊTE SUR TOI

Évalue ton temps d'utilisation des écrans. Prête attention à toutes les fois où tu as les yeux rivés sur un écran. Tu verras, il y aura des fois où tu ne t'en rendras même pas compte, tellement c'est ancré dans ton quotidien.

Tu peux reproduire le tableau de la page suivante pour compiler tes observations.

* Écris quelle est l'activité-écran à laquelle tu t'adonnes (tablette, téléphone, télévision, ordinateur ou jeu vidéo).
* Note le nombre de minutes que tu y consacres.
* Écris aussi comment tu t'es senti après cette période de temps d'écran. Quel bien-être cela t'a-t-il apporté ?

BILAN

	AVANT LE DÉJEUNER	APRÈS LE DÉJEUNER	MIDI
LUNDI	○ ○ ○	○ ○ ○	○ ○ ○
MARDI	○ ○ ○	○ ○ ○	○ ○ ○
MERCREDI	○ ○ ○	○ ○ ○	○ ○ ○
JEUDI	○ ○ ○	○ ○ ○	○ ○ ○
VENDREDI	○ ○ ○	○ ○ ○	○ ○ ○
SAMEDI	○ ○ ○	○ ○ ○	○ ○ ○
DIMANCHE	○ ○ ○	○ ○ ○	○ ○ ○

APRÈS L'ÉCOLE	AVANT DE TE COUCHER	LA NUIT (vraiment?)	TOTAL PAR JOUR
○🙂 ○😐 ○🙁	○🙂 ○😐 ○🙁	○🙂 ○😐 ○🙁	
○🙂 ○😐 ○🙁	○🙂 ○😐 ○🙁	○🙂 ○😐 ○🙁	
○🙂 ○😐 ○🙁	○🙂 ○😐 ○🙁	○🙂 ○😐 ○🙁	
○🙂 ○😐 ○🙁	○🙂 ○😐 ○🙁	○🙂 ○😐 ○🙁	
○🙂 ○😐 ○🙁	○🙂 ○😐 ○🙁	○🙂 ○😐 ○🙁	
○🙂 ○😐 ○🙁	○🙂 ○😐 ○🙁	○🙂 ○😐 ○🙁	
○🙂 ○😐 ○🙁	○🙂 ○😐 ○🙁	○🙂 ○😐 ○🙁	
○🙂 ○😐 ○🙁	○🙂 ○😐 ○🙁	○🙂 ○😐 ○🙁	

TOTAL

RÉSULTATS

- Combien d'heures as-tu passées devant des écrans en une semaine ? Si cela te semble trop (par exemple plus de 14 heures), essaie de diminuer ton temps d'écran en remplaçant les heures excédentaires par d'autres activités que tu aimes, comme aider tes parents à faire le ménage. (Pouah ha ha !)
- Es-tu surpris de tes résultats ? Pensais-tu que tu passais moins de temps sur les écrans (ou plus) ?
- À quelles activités-écrans t'adonnes-tu le plus souvent dans une semaine ? Aux jeux en ligne ? À la recherche d'informations ? À la lecture ? Aux réseaux sociaux ?
- Quelles autres activités, en dehors des écrans, as-tu faites durant la semaine ?
- Comment te sens-tu généralement après du temps d'écran ? Comment te sens-tu après du temps consacré à d'autres activités ? Fais la comparaison entre les deux.

Et puis, es-tu un utilisateur occasionnel, régulier ou accro ? Serais-tu capable de te débrancher complètement pendant quelque temps ?

Rassure-toi, le simple fait d'en prendre conscience est déjà un grand pas !

UNE AFFAIRE DE FAMILLE

x-x-x-x-x-x-x-x-x-x-x-x-x-x-x-x-x-x-x-x-x-x

Tes parents ont beau te dire de limiter l'utilisation des écrans, ils peuvent avoir du mal eux aussi à se déconnecter. Cependant, comme tu t'en doutes bien, ils utilisent les écrans pour plusieurs raisons : pour organiser des rendez-vous, pour acheter des articles pour la maison, pour travailler… Dans ce contexte, s'ils t'imposent des limites de temps d'écran, la question « Pourquoi vous avez le droit et pas moi? » n'est pas un #argumentdefeu… Vous n'avez pas les mêmes responsabilités… il est normal que vous n'ayez pas les mêmes permissions!

Peut-être que tu ne sais pas trop ce que font tes parents sur leurs écrans. Pose-leur la question ! Il peut être intéressant que vous en discutiez ensemble. Si tu trouves qu'ils passent trop de temps sur les écrans, propose-leur une activité ! (Les parents sont souvent sensibles à l'argument du « temps de qualité en famille ! »)

#TRUCDUjour

Tes parents t'accordent une heure par soir de temps d'écran ? Voici un truc génial pour leur inspirer confiance. Si tu y as droit entre 19 h et 20 h, règle ton alarme à 19 h 55. Cinq minutes de moins ne feront pas une grande différence dans ta vie, mais tes parents verront que tu es capable de t'autoréguler. Ils n'auront même pas le temps de venir t'avertir : tu auras déjà commencé ta routine du soir. Fais cela plusieurs fois ! Tu verras, ils seront vraiment contents ! (Et la confiance, c'est précieux, non ?)

DÉFI FAMILIAL

Assieds-toi avec tes parents, tes frères et tes sœurs, et lance-leur ce défi. Pendant toute une journée de congé, **personne n'aura le droit d'accéder aux écrans** (oui, comme dans l'ancien temps!). Passez plutôt du temps en famille à vous amuser et à faire des activités! À la fin de la journée, répondez individuellement à ce questionnaire et discutez-en ensemble ensuite.

Comment t'es-tu senti
lors de cette journée?

*

As-tu l'impression que tu
as parlé un peu plus que d'habitude
avec tes proches?

*

As-tu eu une envie folle,
presque incontrôlable, d'aller
regarder ton écran?

EST-CE CONFIDENTIEL ?

Ton père vient s'asseoir à côté de toi pendant que tu navigues sur Internet ? Il te pose des questions sur ce que tu fais en ligne, sur ce qui t'intéresse ? Ton père est *cool !* Et... il a le droit de faire ça. Tout comme il est légitime qu'il lise tes textos. Dis-toi que tes parents ne t'espionnent pas... Ils veulent seulement assurer ta sécurité en ligne. C'est comme lorsqu'ils te donnent un couvre-feu ou qu'ils imposent des règles dans la maison : c'est pour ton bien. (Ah, la phrase que tu n'aimes pas entendre... mais tu dois admettre qu'il est toujours rassurant de savoir que quelqu'un veille sur toi !)

#TRUCDUjour

La meilleure chose à faire pour maintenir la confiance avec tes parents par rapport à ton utilisation des écrans, c'est de leur dire la vérité. Ils s'intéressent à toi, c'est précieux !

Et si tu reçois un message qui te rend triste ou inconfortable, n'hésite pas à leur en parler (ou à en parler à un autre adulte de confiance). Ils t'aideront à y voir plus clair.

ACCRO À LA DOPAMINE

Lorsque tu regardes une émission de télévision, quand tu joues à un jeu vidéo, et même quand tu envoies des messages à tes amis sur les réseaux sociaux, ton cerveau sécrète l'hormone du plaisir :

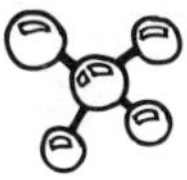

la dopamine.

Difficile de décrocher de l'écran lorsqu'on a du plaisir, n'est-ce pas ? C'est donc tout à fait normal de vouloir passer du temps devant les écrans. Et tu sais, les concepteurs de jeux vidéo sont vraiment futés. Les premières fois que tu joues à un jeu, il est prévu que tu reçoives une récompense après seulement quelques minutes de jeu. Ainsi, ton cerveau sécrète de la dopamine et tu as envie de continuer. Durant les parties suivantes, il est plus difficile d'avoir tes récompenses. Alors, inconsciemment, tu joues plus longtemps avant d'obtenir une récompense. Et si quelqu'un te dit d'arrêter de jouer (tes parents, genre), eh bien, tu ne trouves pas ça rigolo. Tu veux ta récompense! Normal, n'est-ce pas? Mais rappelle-toi : **toi aussi, tu es très futé.** Tu es tout à fait capable d'éviter de tomber dans le panneau!

Le secret, encore une fois, est dans l'équilibre. Plusieurs autres activités que tu aimes permettent de sécréter l'hormone du bien-être!

ACTIVITÉS EXTRA DOPAMINE

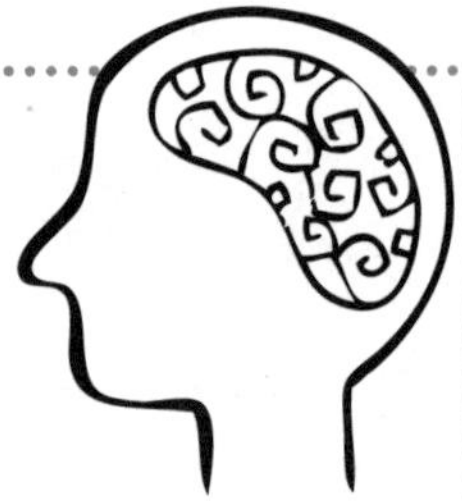

- ★ Écouter de la musique que tu aimes (celle qui te donne des frissons, celle qui te rend joyeux).
- ★ Faire ton activité physique préférée (du sport, de la danse, du hula hoop!).
- ★ Manger! Oui, certains aliments comme le poisson, le fromage, les noix et le chocolat (avec modération ☺) améliorent l'humeur.
- ★ Jouer avec ton chien, lui faire des câlins.
- ★ Bricoler, dessiner, peindre.
- ★ Rire! Lire des blagues, imiter ton père lorsqu'il se réveille le matin ou, mieux encore, aller voir un spectacle d'humour ou une comédie avec ta famille.

EXERCICE

DOPAMINE RECHERCHÉE

Fais une liste des activités auxquelles tu participes. Tente ensuite d'évaluer le niveau de satisfaction qu'elles te procurent. Sont-elles « correctes », « pas mal du tout », « vraiment *cool* » ou « *extra* dopamine » ?

ACTIVITÉ

____

____

FRÉQUENCE

- O Chaque jour
- O Chaque semaine
- O Quelques fois par mois

ÉVALUATION

- O Correcte
- O Pas mal du tout
- O Vraiment *cool*
- O **EXTRA DOPAMINE**

ACTIVITÉ

____

____

FRÉQUENCE

- O Chaque jour
- O Chaque semaine
- O Quelques fois par mois

ÉVALUATION

- O Correcte
- O Pas mal du tout
- O Vraiment *cool*
- O **EXTRA DOPAMINE**

ACTIVITÉ

____

____

FRÉQUENCE

- O Chaque jour
- O Chaque semaine
- O Quelques fois par mois

ÉVALUATION

- O Correcte
- O Pas mal du tout
- O Vraiment *cool*
- O **EXTRA DOPAMINE**

ACTIVITÉ

____

____

FRÉQUENCE

- O Chaque jour
- O Chaque semaine
- O Quelques fois par mois

ÉVALUATION

- O Correcte
- O Pas mal du tout
- O Vraiment *cool*
- O **EXTRA DOPAMINE**

BING!

BUZZ

L'IMPACT SUR LA CONCENTRATION

DRING!

Comme tu l'as lu plus tôt, les écrans peuvent être une source de distraction importante. Qu'y a-t-il de plus attrayant, faire tes devoirs ou bien jouer à ton jeu vidéo préféré? (Allez, dis-le! Tu adores faire tes devoirs!) Sérieusement, c'est vrai que c'est difficile de mettre les distractions de côté et de trouver l'équilibre lorsque vient le temps de travailler... Lis l'exemple de la page suivante.

Pouce en bas

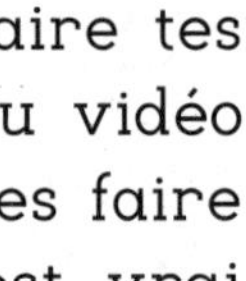

Les téléphones intelligents peuvent être une source de distraction en classe. Les notifications nuisent à l'attention et à la concentration. Es-tu capable de t'en servir de façon futée?

MATHILDE ET LES NOTIFICATIONS

Mathilde revient de l'école. Elle dépose son sac à dos par terre et prend sa tablette. Assise sur son lit, elle se dépêche de passer en revue toutes les notifications qui sont apparues sur son écran.

Alexandre dit : « As-tu su pour le frère de Nico ? »
Rosalie dit : « Hey, c'est ma fête dans deux semaines, tu veux m'aider à l'organiser? »
Thomas vous a envoyé une demande d'amitié.
Skater3000 a aimé votre photo.
Et ça continue encore et encore...
...
Après 30 minutes, la mère de Mathilde l'appelle : « Mathilde, viens m'aider à préparer le souper! ». Mathilde dit à sa mère qu'elle descend... dans deux minutes. Après dix minutes, elle n'a toujours pas réussi à répondre à tout le monde!

Après le souper, Mathilde retourne sur sa tablette pour « faire ses devoirs ». Après une heure, elle n'a pas fait grand chose. D'autres notifications sont apparues et elle a eu bien du mal à se concentrer... Mathilde a le syndrome de l'attention divisée!

Coupe les notifications, Mathilde! Cela t'aidera à faire une tâche à la fois. Lorsque tu auras terminé tes devoirs, tu pourras revenir à tes réseaux. Ne laisse pas les notifications prendre le contrôle de ton attention!

L'IMPACT SUR LE SOMMEIL

Dans nos yeux, il y a des cellules qui sont très sensibles à la lumière bleue, une lumière émise par les écrans, qui ressemble à la lumière de l'aube. Cela veut dire que lorsque tu regardes un écran, tu envoies un message à ton cerveau :

« Hé ho ! C'est le matin ! Il est temps de se lever ! ».

En même temps, la lumière bleue diminue la production de mélatonine. (Ça, c'est l'hormone de l'endormissement.)

Résultat?

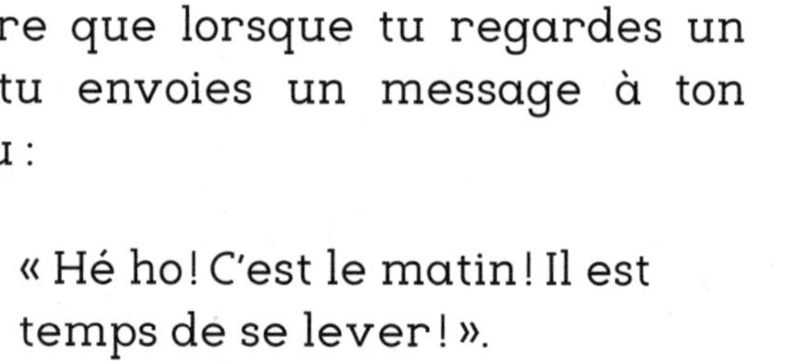

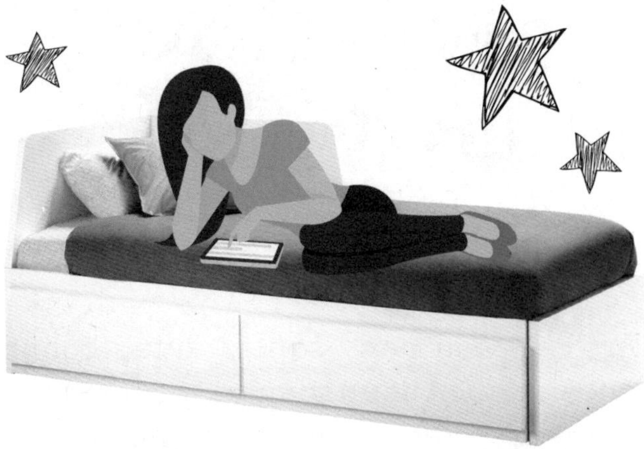

Il serait donc préférable que tu éteignes tout appareil émettant cette lumière bleue avant d'aller au lit. Cela te laissera amplement de temps pour compter les moutons, respirer profondément et penser à un moment heureux de la journée.

Certains experts recommandent même d'éteindre les écrans deux heures avant de se coucher ! Yé ! Tu auras encore plus de temps pour des activités enrichissantes comme visiter ta grand-mère, dessiner, écrire dans ton journal intime ou te chamailler avec ta grande sœur (puisqu'elle devrait éteindre les écrans, elle aussi !).

L'IMPACT SUR LA POSTURE

Un cerveau en santé, une bonne concentration et un sommeil réparateur sont essentiel à la vie. Une bonne posture aussi. La posture, c'est la position du corps. Par exemple, si, lorsque tu fais tes devoirs, tu as le dos complètement voûté et les épaules basses, bref, si tu ressembles au Bossu de Notre-Dame, redresse-toi un peu!

En effet, lorsque tu utilises ta tablette, ta tête et ton cou sont légèrement penchés vers l'avant ce qui, à la longue, peut te causer des maux de tête et des douleurs musculaires au cou et aux bras.

Pouce en bas

Les technologies nous rendent de plus en plus sédentaires. Il est d'autant plus important de t'accorder des pauses régulières pour te lever, bouger et, pourquoi pas, sortir prendre l'air.

POUR UNE BONNE POSTURE

- Dépose ta tablette sur une table plutôt que sur tes genoux.
- Demande à tes parents de te procurer un étui qui donne un angle à ta tablette. C'est la même chose pour les téléphones.

Propage ce message auprès de ta famille et de tes amis pour t'assurer que tous soient au courant! Vive les belles postures!

http://
Hey
RSS
www.
Wow

SECTION 5

Quand ça se **complique**

ES-TU ACCRO ?

x-x-x-x-x-x-x-x-x-x-x-x-x-x-x-x-x-x-x-x-x-x

Comme tu as pu le constater, l'utilisation des écrans peut avoir des répercussions sur ta santé physique. Mais tu sais quoi ? Elle peut aussi affecter ta santé psychologique. Internet, les jeux vidéo, les réseaux sociaux te permettent-ils de fuir quelque chose de ta vie réelle (comme ta relation avec ta famille ou avec tes amis, des difficultés à l'école) ?

Aujourd'hui, la plupart des gens ont un téléphone portable ou une tablette. Ça fait maintenant partie de notre réalité. C'est la vie !

Cependant, chez certaines personnes, la technologie prend beaucoup trop de place, pour différentes raisons. Et cela peut leur causer des problèmes.

Isolement

Tristesse

Perte d'intérêt

Baisse des résultats scolaires

Problèmes physiques

Il est important que tu sois au courant de ces phénomènes et que tes proches et toi preniez les moyens nécessaires pour les prévenir. Par exemple, as-tu déjà entendu parler de cyberdépendance ?

CYBER

Le mot cyber fait référence à Internet...

DÉPENDANCE

... et dépendance est un mot qui réfère à la consommation répétée de quelque chose (généralement une substance) et au besoin d'en augmenter la dose.

> La cyberdépendance est donc une sorte de dépendance à Internet.

Ce n'est pas encore un diagnostic entièrement reconnu, mais il faut savoir ce que c'est et être vigilant. La personne qui souffre de cyberdépendance passe énormément de temps en ligne, parfois même en laissant ses autres activités et ses amis de côté. Cette utilisation peut avoir des conséquences sur son humeur — elle peut se sentir apaisée ou euphorique lorsqu'elle passe du temps sur Internet. À l'inverse, elle peut avoir des sensations désagréables ou ressentir un certain manque lorsqu'elle doit éteindre ses écrans.

> Penses-tu connaître une personne qui vit cette situation ? Si toi-même tu ressens de la tristesse, de l'irritabilité ou de l'agressivité lorsque tu n'as pas accès à tes écrans, **parles-en à un adulte en qui tu as confiance.** Il pourra t'aider à y voir plus clair.

GARE À LA CYBERINTIMIDATION

x-x-x-x-x-x-x-x-x-x-x-x-x-x-x-x-x-x-x-x-x-x

Sais-tu ce qu'est la cyberintimidation ? Pour commencer, choisis les phrases parmi les suivantes qui traduisent une situation de cyberintimidation selon toi :

- ◯ Maxime envoie des messages blessants, comme des insultes, à Simon.
- ◯ Olivier partage une photo intime de Joanie sur Snapchat (et la photo disparaît après quelques secondes).
- ◯ Caroline fait circuler une rumeur à propos de Bianca.
- ◯ Étienne publie un contenu embarrassant sur le mur Facebook de Carlos pendant qu'il est parti aux toilettes (et qu'il a oublié de se déconnecter).
- ◯ Steven fait des menaces à un autre joueur d'un jeu en ligne.

En réalité, toutes ces réponses peuvent refléter une situation de cyberintimidation.

LA CYBERINTIMIDATION

se produit lorsqu'une personne devient la cible des agissements d'autres personnes, au moyen d'ordinateurs, de téléphones cellulaires ou d'autres appareils, et dont le but est de l'embarrasser, de l'humilier, de le tourmenter, de le menacer

La cyberintimidation peut être très grave et avoir des conséquences importantes, tant pour la victime que pour celui qui pose le geste. En effet, un ado qui intimide sur Internet pourrait être arrêté par la police. C'est sérieux !

Si tu es victime ou témoin de cyberintimidation, **tu dois en parler !** Demande à tes parents, à ton enseignant ou à l'intervenant psychosocial de ton école de te guider. Tu peux aussi t'informer auprès de ressources reconnues. En voici quelques-unes :

TEL-JEUNES

teljeunes.com

Tél. : 1 800 263-2266

Texto : 514 600-1002

Tu peux aussi clavarder en ligne ou utiliser leur app.

JEUNESSE, J'ÉCOUTE

jeunessejecoute.ca

Tél. : 1 800 668-6868

AIDEZ-MOI SVP

aidezmoisvp.ca

Tu vis des difficultés en lien avec les médias sociaux ou tu es victime de cyberintimidation :

- **ARRÊTE** de répondre aux messages de violence.
- **BLOQUE** les adresses des personnes qui t'intimident.
- **SAUVEGARDE** et retrace d'où proviennent les messages.
- **SIGNALE** la situation à des adultes de confiance.*

*Documents de soutien, MEESR, (2012), cité par Réfléchisquandtupublies.ca

http://
Hey
RSS
www.
Wow
http://
Hey
www.
http://
Hey
RSS

SECTION 6

Pour demeurer connecté

TROUVER UN ÉQUILIBRE

Avec tout ce que tu viens de lire, tu as sûrement envie d'être un utilisateur averti, responsable et cyberfuté ! Dans cette section, tu découvriras quelques astuces pour y arriver, tout en maintenant l'harmonie avec ta famille. La première (et très importante !) :

Maintenant que tu connais toutes les utilités et les pièges des écrans (ou presque), réfléchis aux questions suivantes.

Quelle est ton activité-écran préférée?

***

Pourquoi aimes-tu cette activité? Fait-elle augmenter ta confiance en toi? Te procure-t-elle du plaisir? Te permet-elle d'échanger avec des amis?

***

Selon toi, à quels dangers es-tu exposé dans ta propre utilisation des écrans?

***

Qu'aimerais-tu modifier dans tes habitudes d'utilisation des écrans? Pourquoi?

TRUCDUjour

Prends rendez-vous avec tes parents (organise une réunion officielle, ils seront bien impressionnés !) et discutez ensemble de tes réponses. Tu peux leur demander également de répondre à ce questionnaire. Ensemble, analysez votre relation avec les écrans et discutez-en tranquillement (en laissant vos écrans de côté, bien entendu).

FAIS UN PLAN AVEC TES PARENTS

Quelles sont tes attentes? Veux-tu avoir droit à plus de temps d'écran? Obtenir de nouvelles applications ou la permission de t'abonner à certains réseaux sociaux? Peut-être devras-tu faire certains compromis. Et quelles sont les attentes de tes parents? Veulent-ils que tu passes moins de temps devant les écrans? Si c'est le cas, c'est peut-être parce qu'ils ont constaté que tu délaissais parfois d'autres activités que tu aimes. Ont-ils raison?

VOICI QUELQUES IDÉES POUR VOTRE PLAN :

⇨ Établissez un **couvre-feu écran:** un pour toi et tes frères et sœurs, et un pour tes parents. Après une certaine heure, personne ne devrait avoir d'écran sous le nez, à moins d'une urgence. (Une vraie urgence. Regarder des vidéos de chats n'est jamais urgent.)

Si la **confidentialité** est très importante pour vous, propose à tes parents de mettre les mots de passe des applications et des sites sur lesquels tu as un compte dans une tirelire. Tes parents pourront y avoir recours seulement en cas d'inquiétude sérieuse.

Convenez ensemble de **ne pas utiliser les écrans à table.** Parlez, racontez-vous votre journée, regardez-vous dans les yeux!

Créez une **boite à écrans.** C'est l'heure de laisser libre cours à ton imagination. Trouve une boîte de taille moyenne que tu décoreras à ton goût. Cette magnifique œuvre d'art, une fois terminée, devra être placée dans une pièce commune. Elle servira à déposer les écrans avant d'aller se coucher. Tous les membres de la famille devront y ranger les téléphones et les tablettes avant d'aller au lit. C'est la règle!

Choisissez ensemble un espace dans la maison qui deviendra **l'espace techno.** Ce peut être le salon, le bureau, le sous-sol, le solarium, bref, un endroit où vous pouvez être assis ensemble tout en ayant vos écrans. Vous pourriez même aménager cet endroit avec une enseigne et de la déco « techno » !

En **mode vibration,** SVP ! Oui, il peut être très dérangeant de se faire interrompre par une sonnerie incessante de texto. Imagine, tu es en train de raconter quelque chose de super important à ta mère, mais celle-ci est toujours distraite par les textos que lui envoie sa collègue. Peut-être pourrais-tu lui demander gentiment de mettre son téléphone en mode vibration... N'oublie pas qu'elle peut te demander de faire la même chose à un autre moment, c'est une question de respect !

BOUGE !

Un des besoins **F-O-N-D-A-M-E-N-T-A-U-X** de l'humain, c'est de bouger. « Va jouer dehors ! » est une phrase que tu dois avoir entendue des dizaines, voire des centaines de fois. Pourquoi penses-tu que tes parents te la répètent aussi souvent ?

C'est très simple. Jouer dehors ou faire de l'exercice physique présente une FOULE d'avantages !

- Maintenir une bonne santé
- Réactiver tes neurones lorsque ton cerveau est en compote
- Dépenser ton surplus d'énergie
- Socialiser, se faire des amis

Si l'exercice physique ne fait pas partie de tes habitudes de vie, tu peux commencer doucement en bougeant cinq minutes par jour. Tu peux ensuite augmenter à dix minutes.

Après quelques semaines, tu devrais essayer d'inclure dans ta journée environ 30 minutes d'activité physique. Une habitude bonne pour la santé… et pour le moral!

Mais laisse ton cellulaire à la maison ou dans ta poche!

Le savais-tu ?

Certains experts suggèrent que pour une heure passée devant un écran, tu devrais t'amuser une heure dehors. Ce n'est pas sorcier!

#ARGUMENTDEFEU

Parions que si tu vas « jouer dehors », tes parents seront pas mal plus ouverts à te laisser utiliser les écrans ensuite ! (Surtout si tu as pelleté l'entrée ou coupé le gazon. :-))

LISTE D'ACTIVITÉS *COOL* À FAIRE POUR BOUGER

* Se promener... avec son chien, sa meilleure amie, son grand-père, son chimpanzé (ok, peut-être pas !)
* S'adonner à une séance de yoga entre amis. Namasté !
* Inventer des chorégraphies sur tes chansons préférées.
* Créer une course à obstacles (dans la boue !)
* Faire du vélo, du *skate*, de la trottinette, du patin, de l'escalade, alouette !
* Jardiner (oui, oui, c'est amusant !)
* Pelleter, l'hiver (profites-en donc pour offrir tes services de déneigement aux voisins et gagner de l'argent !)
* Faire une randonnée en forêt, sur le bord de l'eau ou dans la jungle (si tu as une jungle à ta disposition !)
* Toute autre activité géniale ou farfelue...

LE VRAI MONDE

SOCIALISE EN CHAIR ET EN OS

Il n'y a pas que sur les écrans que l'on peut socialiser (mais ça, tu le sais déjà !). Du matin au soir, tu socialises avec des gens : avec tes parents, tes frères et tes sœurs le matin au déjeuner, avec le chauffeur de l'autobus scolaire, avec tes camarades de classe, avec ton enseignante, avec le caissier du supermarché, et probablement avec plusieurs autres personnes aussi. Il est essentiel d'avoir des rapports sociaux en dehors d'Internet, avec des personnes en chair et en os. Ainsi, tu apprends à t'affirmer, à t'exprimer, à écouter, à t'ouvrir aux autres, à argumenter... Évidemment, tout cela peut aussi t'être très utile ensuite... lorsque tu utilises les réseaux sociaux !

Les amis virtuels, c'est sympa, mais comme il n'y a rien de tel qu'une bonne accolade de temps en temps, il est vraiment chouette d'avoir de bons amis... dans la vraie vie! C'est si agréable de partager un fou rire, une crème glacée ou une balade!

7 CONSEILS pour te faire des AMIS

* **ATTITUDE POSITIVE** : Cultive une **ATTITUDE POSITIVE** (souris, regarde les autres dans les yeux, écoute)!

* **PROPOSE** des activités, des jeux, des sorties.

* Partage tes **IDÉES** et tes **OPINIONS** tout en respectant celles des autres.

* **OFFRE TON AIDE.** (Pourquoi ne pas partager ce que tu apprends dans ce livre?)

* Partage aussi tes **GOÛTS** (parle du nouveau groupe de musique que tu as découvert, du dernier film que tu as vu ou de ta légendaire recette de *smoothie* fraises-bananes-patates pilées (OK, peut-être pas de patates !).

* **PRENDS TA PLACE** en douceur, tout en en laissant aux autres aussi.

* Montre-toi **EMPATHIQUE.** (Tu sais ce qu'est l'empathie ? C'est lorsqu'on montre aux autres qu'on les comprend et qu'on les écoute attentivement, sans les juger.)

Le savais-tu ?

L'affirmation de soi, c'est exprimer ses besoins et les faire entendre aux autres, c'est savoir donner son opinion et parler de ses envies, et ce, avec confiance et assurance. Et tout ça en respectant la ou les personnes à qui tu t'adresses ! Avant de t'affirmer en ligne, apprends à t'affirmer dans ta vie hors ligne !

EXERCICE

DÉBRANCHE!

Mordu des écrans, tu seras mis à l'épreuve pour un moment. Détermine une journée avec tes amis et relevez ce défi ensemble. Tu vas voir, ce sera divertissant et tes parents seront aux anges (stratégie d'attendrissement 101). En gros, il s'agit d'avoir toutes les interactions sociales que tu as au quotidien avec un écran, mais sans écran.

Réseaux sociaux >> Tu aimes la nouvelle jupe de ton amie? Au lieu d'aimer la publication sur Facebook sur laquelle elle l'arbore fièrement, fais-lui le compliment en face!

Textos >> Tu as envie de parler à tes amis? Appelle-les avec le téléphone résidentiel et parle avec des mots au lieu d'écrire (si tu n'as pas ce genre de téléphone préhistorique à la maison, c'est correct, tu peux utiliser un téléphone mobile). Allez, ne sois pas timide!

Courriel >> Pas de courriel aujourd'hui. Profites-en pour écrire une carte postale à ta tante qui vit à New York (ou à La Tuque) et poste-la. C'est vintage/rétro/cool!

Jeux en ligne >> Appelle tes amis et allez vous balader dehors. Jouez à des jeux de société, bougez ensemble (tague, frisbee, basket). Jouez et socialisez « en personne »!

COUP D'ŒIL... SUR LE FUTUR !

Les TIC, Internet, les écrans... tout ça évolue à une vitesse folle. Il est bien difficile de savoir où nous en serons dans 5 ou 10 ans... et impossible de deviner comment sera la vie de tes arrière-petits-enfants !

Imagine que tu possèdes une machine à voyager dans le temps pendant quelques instants...

- Tu sais déjà que notre vie sociale a beaucoup changé depuis que les écrans font partie de nos vies. Comment crois-tu que ce sera dans l'avenir? Que diras-tu à tes enfants dans 20 ou 30 ans ?
- Comment seront les écoles du futur selon toi ? Comment les élèves utiliseront-ils les TIC pour apprendre et pour étudier?
- Quels seront les loisirs et les jeux de l'avenir? Comment tes arrière-petits-enfants occuperont-ils leurs temps libres ? Et leurs parents ?
- Comment seront les maisons, les voitures, les restaurants et les centres commerciaux du futur?
- À quoi ressembleront les bibliothèques et les musées ?
- Quels seront les impacts positifs des TIC et des écrans sur les grandes questions comme l'écologie, les droits des enfants ou le maintien de la paix dans le monde ? (#rêvonsunpeu !)

CONCLUSION

Le secret, c'est l'équilibre !

Eh oui, l'équilibre est la clé dans tout. Manger du gâteau au chocolat sans aller jusqu'à en avoir mal au ventre. Jouer au soccer, mais savoir s'arrêter quand tu n'as plus de souffle. Passer du temps devant les écrans et être en mesure de les mettre de côté quand cela empiète sur d'autres activités importantes.

Il va de soi que tu devras faire quelques efforts pour devenir un pro de l'autorégulation, c'est-à-dire pour développer la capacité de fermer ton écran **quand TOI, tu le décides.** (Même s'il pourrait être très tentant de continuer !) Il n'est pas toujours facile de s'autoréguler à ton âge… c'est pour cela que tes parents t'imposent certaines règles pour le moment. Peu à peu, tu parviendras à te mettre des règles toi-même. Et ça, c'est très important — mais pas seulement pour faire plaisir à tes parents !

Utiliser les TIC de manière responsable t'aidera à faire tes propres choix. Tu pourras ainsi mettre de l'énergie dans ce qui te fait vraiment du bien, dans ce qui t'apporte quelque chose de positif... et mettre le reste de côté.

Si ce livre t'a fait réfléchir, s'il t'a permis de mieux comprendre le fonctionnement des écrans et leurs impacts dans ta vie, si tu as l'impression que tu saisis mieux les enjeux de la vie virtuelle et l'importance de la sécurité et du respect sur Internet, et enfin si tu as le sentiment que tu peux devenir un cyberutilisateur cyberfuté et cyberéclairé, alors MISSION ACCOMPLIE! Les écrans sont là pour rester. Aussi bien apprendre à les exploiter de manière positive et enrichissante, n'est-ce pas?

S'il y a encore des petites zones grises pour toi, n'hésite pas à en discuter avec tes amis ou avec tes parents. Et surtout, ne reste jamais seul devant ton écran lorsque tu ne te sens pas bien. Parles-en avec une personne de confiance dans la vraie vie — ou contacte un organisme d'aide au besoin. En revoici quelques-uns :

SITES WEB INTÉRESSANTS

Aidez-moi SVP!

AidezmoiSVP.ca

AidezMoiSVP.ca aide les ados à bloquer la propagation de photos et de vidéos à caractère sexuel et les accompagne en cours de route.

Centre cyber-aide

Centrecyber-aide.ca

Organisme à but non lucratif ayant pour objectif de mettre en place des programmes de prévention et de sensibilisation dans le domaine des dépendances, tout particulièrement la cyberdépendance et la cyberintimidation.

HabiloMédias

habilomedias.ca

HabiloMédias est un organisme de bienfaisance canadien, sans but lucratif, qui œuvre pour l'éducation aux médias et la littératie numérique. Il a pour objectif de veiller à ce que les enfants et les adolescents développent une pensée critique qui leur permette d'utiliser les médias à titre de citoyens numériques actifs et éclairés.

Réflechis quand tu publies!

reflechisquandtupublies.ca

Un outil créé par et pour les jeunes afin de les aider à s'affirmer et à réfléchir aux impacts de leurs publications sur les réseaux sociaux.

Éducaloi

educaloi.qc.ca

Éducaloi est un organisme sans but lucratif qui occupe un rôle de premier plan dans l'amélioration de l'accès à la justice au Québec.

Tel-Jeunes

teljeunes.com * 1 800 263-2266

Tel-jeunes est un service d'intervention gratuit et confidentiel qui a pour mission de fournir aux jeunes un moyen simple de rejoindre des professionnels qualifiés pouvant les écouter et les aider. Il est offert 24 heures sur 24, 7 jours sur 7.

Jeunesse, J'écoute

jeunessejecoute.ca * 1 800 668-6868

Les intervenants professionnels de Jeunesse, J'écoute fournissent un soutien immédiat et chaleureux aux jeunes gens partout au pays. Ce service, offerts aux enfants et aux adolescents, est accessible jour et nuit, est bilingue, gratuit et anonyme.

LISTE DES RÉFÉRENCES

Livre

Suissa, Amnon Jacob. 2017. *Sommes-nous trop branchés ? Coll. Problèmes sociaux et interventions sociales.* Québec : Presses de l'Université du Québec, 176 pages.

Articles

Laber-Warren, Emily. « Tous désynchronisés ? », Cerveau et psycho, no 90, juillet-août 2017, p. 38-47.

Mercure, Philippe. « Dangereux, les réseaux sociaux ? », La Presse Plus, 28 janvier 2018.

Simard, Valérie. « Techno : Des impacts sur la santé », La Presse Plus, 17 septembre 2013.

Articles parus sur des sites Web

Agence Science-presse. (2017). « Qu'est-ce qu'une fausse nouvelle ? » Récupéré de http://www.sciencepresse.qc.ca/actualite/detecteur-rumeurs/2017/01/12/fausse-nouvelle

Blaison, Nathan. (2017). « Digital, social, mobile : le rapport 2017 », dans We are social. Récupéré de https://wearesocial.com/fr/blog/2017/01/digital-social-mobile-les-chiffres-2017

Gouvernement du Canada. (2015). « Pensez cybersécurité ». Récupéré de https://www.pensezcybersecurite.gc.ca/cnt/cbrbllng/prnts/cbrbllng-fr.aspx

Gouvernement du Québec. (2009). « Mon enfant devant l'écran ». Récupéré de https://www.rcq.gouv.qc.ca/Guide_mon-enfant_2_fr.pdf

INSERM. « Chronobiologie, les 24 heures chrono de l'organisme. » Récupéré le 29 janvier 2018 de https://www.inserm.fr/information-en-sante/dossiers-information/chronobiologie

Institut national de la santé publique du Québec. « Le temps d'écran, une autre habitude de vie associée à la santé ». TOPO : Synthèses de l'équipe Nutrition – Activité physique – Poids, Numéro 12, septembre 2016. Récupéré de https://www.inspq.qc.ca/pdf/publications/2154_temps_ecran_habitudes_vie.pdf

Meneu, Gildas. (2017). « Famille : la guerre des écrans », dans Radio-Canada.ca. Récupéré de http://ici.radio-canada.ca/nouvelle/1035646/famille-la-guerre-des-ecrans

Société canadienne de pédiatrie. (2017). « Le temps d'écran et les jeunes enfants : promouvoir la santé et le développement dans un monde numérique ». Récupéré de http://www.cps.ca/fr/documents/position/le-temps-d-ecran-et-les-jeunes-enfants

Société canadienne de pédiatrie. (2017). « Le temps d'écran et les jeunes enfants : promouvoir la santé et le développement dans un monde numérique ». Récupéré de http://www.cps.ca/fr/documents/position/le-temps-d-ecran-et-les-jeunes-enfants

Télé-Québec. (2017). « L'écran-roi ». Documentaire. Récupéré de http://www.telequebec.tv/documentaire/l-ecran-roi/

Marie-Anne **Dayé**

est une journaliste curieuse et touche-à-tout. Depuis quelques années, elle s'intéresse particulièrement à la relation des enfants avec les technologies de l'information et de la communication (TIC). Pour elle, l'éducation aux médias et aux nouvelles technologies est essentielle dans le parcours des jeunes, car elle leur permet de développer leur esprit critique et de devenir des citoyens avertis.

Pour l'écriture de ce guide, Marie-Anne a collaboré avec Jacinthe Cardinal et Marianne Tremblay, des Éditions Midi trente.

POUR LES PARENTS

JEUNES CONNECTÉS,
PARENTS INFORMÉS

Cathy Tétreault

Comment s'assurer que les jeunes font une utilisation saine et sécuritaire des techologies de l'information et de la communication ? Quels sont les impacts de ces technologies dans leur vie quotidienne ? Comment s'outiller pour intervenir efficacement en cas de difficulté ?

Ce guide pratique simple et complet a pour but de répondre à toutes les questions en lien avec le cyberespace et la manière dont les TIC affectent le développement et le bien-être des enfants et des adolescents. Les parents et les intervenants y trouveront tous les outils nécessaires pour agir en confiance tout en optimisant les aspects constructifs des technologies.

» **Temps d'écran**
» **Jeux et applications**
» **Cyberdépendance**
» **Cyberintimidation**
» **Sexting et hypersexualisation**
» **Sécurité et confidentialité**

CHEZ LE MÊME ÉDITEUR

NON À L'INTIMIDATION
J'apprends à m'affirmer

Nancy Doyon, coach familiale

ATTENTION : ESTIME DE SOI EN CONSTRUCTION

Stéphanie Deslauriers, psychoéducatrice

ALEX : Surmonter l'anxiété à l'adolescence

Nathalie Parent, psychologue

TOUT SAVOIR pour composer avec les turbulences à l'adolescence

Isabelle Geninet et Amélie Seidah, psychologues

SOCIALEMENT GÉNIAL!
Trucs et astuces pour développer tes habiletés sociales

Stéphanie Deslauriers, psychoéducatrice

...et plusieurs autres titres. Visitez notre site Web pour plus de détails :

MIDITRENTE.CA

ACHEVÉ D'IMPRIMER en avril 2018
sur les presses de Marquis Imprimeur, pour le compte des Éditions Midi trente.

MIDI trente ÉDITIONS

Les Éditions Midi trente : des livres pratiques et des outils d'intervention sympathiques pour surmonter les difficultés et pour stimuler le potentiel des petits et des grands.

www.miditrente.ca